7
Lk 3121.

OBSERVATIONS

PRÉSENTÉES

A L'ASSEMBLÉE NATIONALE

PAR LE DUC DE SULLY,

Sur l'Echange fait en 1766, par le duc DE BÉTHUNE son père, de la principauté souveraine d'Henrichemont et de Boisbelles.

A PARIS,

DE L'IMPRIMERIE DE P. FR. DIDOT LE JEUNE.

1790.

OBSERVATIONS

PRÉSENTÉES

A L'ASSEMBLÉE NATIONALE

PAR LE DUC DE SULLY,

Sur l'échange fait en 1766, par le duc de Béthune son père, de la principauté souveraine d'Henrichemont et de Boisbelles.

La nuit des temps couvre l'origine de cette petite souveraineté ; tous les titres qui la concernent sont des monumens de ses droits ; aucun n'en indique la source.

Un auteur estimé du 16ᵉ. siècle, Coquille, dans son Histoire du Nivernois, article de la maison d'Albret, page 409 du premier volume, édition de 1703, dit :

« La seigneurie de Boisbelles est de
« titre excellent, à cause de sa souverai-
« neté; encore que ce soit peu de chose,
« quant aux revenus : elle est enclavée
« de toutes parts dans le pays de Berry.
« Il est à croire que ladite seigneurie
« étant dans les bois, en pays peu fruc-
« tueux, désert et peu habité, se soit
« trouvée exempte de souveraineté lors
« de la conquête des Gaules.... Tant y
« a que de tout temps, hors la mémoire
« des hommes, le seigneur de cette terre
« de Boisbelles s'est maintenu en neu-
« tralité et liberté, et a exercé tous droits
« de souveraineté, sans en avoir été re-
« cherché, ni contrevenu, tant au fait de
« juridiction contentieuse, que de con-
« cessions, de rémissions et de graces,
« exemptions des sujets, de tailles et au-
« tres subsides du Roi. »

Sans parler d'un grand nombre de titres, qui tous caractérisent les droits régaliens les plus éminens, exercés sans interruption par les princes de Boisbelles, il suffira, pour en donner une juste idée, de rapporter une des dispositions des lettres-patentes du 6 juin 1664, confirmatives de toutes celles qui les avoient précédées et des arrêts de leurs enregistremens.

« Voulons que la terre et seigneurie
« d'Henrichemont soit et demeure comme
« elle a été de tout temps, en titre et
« prééminence de principauté, sans re-
« connoissance d'aucun supérieur pour la
« foi et hommage; de justice souveraine
« sans appel, sous l'autorité du duc de
« Sully et ses successeurs, sur les sujets
« d'icelle souveraineté, et de tous les au-
« tres droits qui appartiennent à sei-
« gneurs souverains, sans autre chose
« excepter, retrancher, ni diminuer. »

Quand, de tous nos Rois, le plus jaloux de son autorité, a reconnu, dans des termes aussi formels, les droits des princes de Boisbelles, il est facile d'en conclure que ces droits ont été constatés à ses yeux et dans son conseil, par les titres les plus authentiques.

Cette principauté, qui renferme la ville d'Henrichemont (*), plusieurs bourgs et villages, et un grand nombre de hameaux, contenoit, en 1766, 8 à 9 mille habitans, qu'enrichissoit le commerce, et qui ne connoissoient que deux foibles impôts. Depuis plus de 50 ans, les princes d'Henrichemont n'y percevoient qu'un droit de gabelles, fixé à 30 livres le minot, et y faisoient vendre le tabac au prix ordinaire en France.

Ces droits, depuis le premier octobre 1756, et par bail renouvelé pour 6 ans,

---

(*) Cette jolie ville, régulièrement bâtie, a été construite aux frais du duc de Sully, ministre de Henri IV, et décorée par lui du nom d'un maître qu'il chérissoit.

à compter du premier octobre 1762, étoient affermés à l'adjudicataire des fermes générales unies de France, moyennant le prix annuel de...... 25000 l.

Et 12 minots de sel en nature, livrés à Paris, de valeur de... 720

> Il est à remarquer que dans e prix de ce bail, le droit de vente du sel à 30 liv. le minot entroit pour 20000 liv.; celui de la vente du tabac pour 5000 liv., et que sur ce dernier prix, le bénéfice des fermiers-généraux étoit d'environ 5000 liv.

Le domaine de cette principauté, qui consistoit en cens, rentes, droits, lods et ventes, et en 625 arpens de bois taillis et de baliveaux remarquables par leur beauté, étoit affermé pour 9 années commencées au premier octobre 1762....... 4000

Ci................ 29720 l.

De l'autre part........ 29720 l.

Quelque temps avant l'échange, le duc de Béthune avoit reçu une soumission de 6000 liv. de prix de bail des mêmes objets.

Les profits casuels de 24 fiefs, non compris dans le bail du domaine, étoient évalués, année commune, à........... 400

Total............ 30120 l.

Rien n'attestoit la modération des princes d'Henrichemont, comme la modicité de ce revenu. En acquiesçant au desir qu'eut le feu Roi de réunir cette petite principauté au domaine de sa couronne, le duc de Béthune en obtint, par l'organe du ministre de ses finances, la promesse que Sa Majesté n'ajouteroit aucun impôt à ceux dont les princes d'Henrichemont s'étoient contentés jusqu'en 1766. Mais sous le ministère de M. l'abbé Terray, cette promesse fut violée par un édit du mois de décembre 1772, enregistré au parlement le 5 avril 1773, qui tout-à-coup porta, dans cette principauté, le prix du sel, de 30 liv. le minot, à 60 liv. 7 s. 6 d., y créa une juridiction de grenier à sel, composée de 5 offices, y établit les droits de huitième, subvention, jauge et courtage sur les vins, eaux-de-vie et autres boissons, le droit annuel, ceux de formule, de courtiers-commissionnaires-jaugeurs, les 8 sous pour liv. tant anciens que nouveaux, les droits de contrôle, d'insinuations, de centième denier, de petit scel, d'échange, de greffes, droits réservés, ceux d'amortissemens, de francs-fiefs, etc. etc.

Successivement, et sans de plus grands efforts, M. l'abbé Terray trouva le secret de quadrupler les revenus de cette petite souveraineté.

En contre-échange, par contrat du 24 septembre 1766, Louis XV avoit promis au duc de Béthune, des domaines ou terres à sa bienséance du produit de 60,000 liv. et en attendant leur cession, une rente de 60,000 l. exempte de toutes retenues.

Après 12 années d'attente, le 12 décembre 1778, le duc de Béthune reçut à ce titre le comté de Béthune, l'héritage de ses ancêtres, dont le revenu, fixé provisoirement à 11,000 liv. sans déduction d'aucune charge, réduisit à 49,000 liv. les 60,000 liv. de rente promises en 1766.

Le 31 août 1780, autre cession du marquisat de Lens, voisin de Béthune, et des domaines et droits engagés dépendans de ces deux seigneuries; mais il fut stipulé que le duc de Béthune ne commenceroit à en jouir qu'après les évaluations et le remboursement des engagistes.

Avec moins de 300,000 liv. employés à ce remboursement, si ce nouveau contrat eût reçu son entière exécution, les obligations contractées en 1766 envers le duc de Béthune auroient été remplies.

Mais les engagistes, les vassaux de Lens, de Béthune, le bureau du domaine de Lille, les préposés à la régie ou recette des domaines, et sur-tout les Etats d'Artois, où siégeoient la plupart de ceux intéressés à détruire cet échange, parvinrent à faire révoquer une grande partie de cette dernière cession.

Obligé de se désister des domaines et droits engagés les plus considérables, et fatigué de tant d'obstacles, de délais et de sollicitations, le duc de Béthune, par contrat du 30 novembre 1784, accepta en remplacement le comté de Montgommery, qu'il ne connoissoit pas, et que le ministre, mal informé, l'avoit assuré produire.................. 29687 l.   s.

Le comté de Béthune et la partie des domaines engagés, demeurée réunie tant à cette terre qu'à celle Lens, pouvoient produire....... 19500

Le marquisat de Lens, y compris 5589 liv. 13 s. 4 d. de rentes d'engagemens.... 15647   4

TOTAL.......... 64834   43

Mais, vérification faite, le duc de Béthune prouva que le comté de Montgommery, qui lui avoit été annoncé comme du produit de 29687 liv., ne rendoit pas annuellement 18000 liv. Sur cet objet seul, le déficit étoit de 11 à 12000 livres.

Les suppressions nouvellement décrétées ont réduit son revenu à 15000 liv. et anéanti à Béthune un droit du produit de 500 liv. ; ensorte que le duc de Sully ne retire pas de ces trois terres plus de 50000 de rente.

Sur les représentations du duc de Béthune, le ministre reconnut que Montgommery ne produisoit pas les deux tiers du revenu dont il l'avoit supposé, et il comprit que si les délaissemens des domaines ou terres promis en 1766 avoient été effectués sans délais, le duc de Béthune auroit profité de tous les accroissemens progressifs que les biens-fonds dans un laps de 20 ans ont reçus. Pour le dédommager en partie des lésions qu'il souffroit, il lui fit accorder en 1785 la continuation de 15000 liv. de rente, jusqu'après les évaluations de son échange.

Les contrats de 1766, de 1778, de 1780 et de 1784, ont été revêtus d'arrêts du conseil, qui les ont ratifiés, et de lettres-patentes enregistrées en la chambre des comptes de Paris.

Tel est l'état de cet échange. Le descendant d'un ministre dont le nom, peut-être, sera toujours cher aux François, pourroit-il craindre que leurs augustes Représentans rangeassent ce traité dans la classe de ceux que le crédit, l'intrigue, ou la faveur rendent onéreux à la Nation?

Il ne seroit pas difficile de démontrer que depuis 1773, la principauté d'Henrichemont a produit au roi plus de 120,000 liv. de rente; est-il bien juste qu'en 1790, le duc de Sully ne soit pas encore rempli du contre-échange promis à son père en 1766?

Est-ce en terres qui ne produisent que

60,000 liv. en 1790, ou qui les produisoient en 1766, qu'il devroit être rempli?

S'il est prouvé que, dans ce traité, la balance penche toute entière en faveur de l'Etat, qui pourroit retarder la confection de cet échange; et pourquoi l'Assemblée nationale, qui va disposer du reste des domaines de la couronne, ne consommeroit-elle pas, par un décret, un traité avantageux à la Nation, qui languit depuis 24 ans, et ne l'affranchiroit-elle pas de ces formalités éternelles, et si stérilement dispendieuses, de reconnoissances, de procédures, et d'évaluations, dont les frais énormes sont à la charge seule de l'Etat?

Heureux de voir le sort de ce traité, que la bonne-foi seule a négocié, dépendant des juges les plus intègres, le duc de Sully se soumet avec autant de respect que de confiance à leur décision.

(2)

www.ingramcontent.com/pod-product-compliance
Lightning Source LLC
Chambersburg PA
CBHW062008070426
42451CB00014BA/3229